Nicole Weber

Bauwerke und Konstruktionen

Spannende Materialien für einen abwechslungsreichen Unterricht

PERSEN

Die Autorin

Nicole Weber arbeitet als Grundschullehrerin in Niedersachsen und hat bereits zahlreiche Unterrichtsmaterialien veröffentlicht.

2. Auflage 2023

AAP Lehrerwelt GmbH
Veritaskai 3
21079 Hamburg
Telefon: +49 (0) 40325083-040
E-Mail: info@lehrerwelt.de
Geschäftsführung: Christian Glaser, Sandra Saghbazarian, Robin Schlenkhoff
USt-ID: DE 173 77 61 42
Register: AG Hamburg HRB/126335

Autorschaft: Nicole Weber
Covergestaltung: TSA&B Werbeagentur GmbH, Hamburg
Illustrationen: Katharina Reichert-Scarborough
Satz: Typographie & Computer, Krefeld
Druck und Bindung: Esser printSolutions GmbH, Bretten

ISBN: 978-3-403-20491-6
www.persen.de

Inhaltsverzeichnis

Digitales Zusatzmaterial:

- alle Arbeitsblätter
- Lösungen
- Extras:
  - Bauwerke in deiner Umgebung
  - Turm-Steckbrief
  - Brücken-Steckbrief
  - Quiz für zwei
  - Bildkarten-Spielideen
  - Wer bin ich?
  - Bauwerke-Puzzle
  - Aktionen rund um „Bauwerke und Konstruktionen“
  - Urkunde

Vorwort und Hinweise

Die Schüler[1] kommen in ihrer Umgebung mit vielen Bauwerken in Kontakt. Viele Häuser werden in Mauerwerksbauweise gebaut. Auch Türme lassen sich in der näheren Umgebung der Kinder leicht finden und Brücken überqueren viele Kinder fast täglich. Die Schüler sollen durch diese Einheit sensibilisiert werden für technische Themen. Sie werden dazu angehalten, über bestehende Bauwerke nachzudenken, aber auch selbst eigene Bauwerke zu konstruieren. In dieser Einheit wird sehr viel Wert auf das eigene Experimentieren und Herleiten gelegt.

Die Schüler sollten die Möglichkeit bekommen, vor Beginn der Aufgaben das Baumaterial frei ausprobieren zu können. Nicht jedes Kind hatte vor Schuleintritt die Gelegenheit, beispielsweise mit Holzbausteinen zu experimentieren.

Hinweise zum Aufbau und Einsatz dieses Themenheftes

Dieses Themenheft bietet Ihnen unterschiedliche Materialien für die 1. bis 4. Klasse zum Thema „Bauwerke und Konstruktionen". Jedes Arbeitsblatt steht für sich, sodass Sie das Material unabhängig und individuell nach den Bedürfnissen Ihrer Klasse einsetzen können.

Auf den jeweiligen Arbeitsblättern müssen die Schüler zum Teil Wissen aus unterschiedlichen Fächern anwenden, sodass das vernetzte Lernen ganz natürlich gefördert wird.

Aufgaben, die mit einem Stern versehen sind, kennzeichnen anspruchsvollere Arbeitsaufträge. Diese können zur qualitativen Niveaudifferenzierung eingesetzt werden.

Außerdem enthält dieses Themenheft Arbeitsblätter mit besonderen Schwerpunkten, die Sie an folgenden Symbolen erkennen:

Experiment Interview Spiel Projekt

Am Ende des Heftes finden Sie außerdem eine Liste mit wichtigen Fachbegriffen sowie eine Lernzielkontrolle mit Fragen zum Inhalt des gesamten Heftes.

Zusatzmaterial

Über einen Download erhalten Sie das Zusatzmaterial. Es enthält

- die Arbeitsblätter dieses Heftes im editierbaren Word-Format, sodass Sie die Arbeitsblätter selbst anpassen können,
- die Lösungen zu den Arbeitsblättern (PDF) und
- Extras.

1 Wir sprechen hier wegen der besseren Lesbarkeit von Schülern bzw. Lehrern in der verallgemeinernden Form. Selbstverständlich sind auch alle Schülerinnen und Lehrerinnen gemeint.

Vorwort und Hinweise

Tipps für die Praxis

- Zum Einstieg in das Thema: Sie können verschiedene Fragestellungen zum Thema „Bauwerke und Konstruktionen“ auf DIN-A3-Bögen schreiben und auf Tische legen. Die Schüler wandern auf ein Signal hin von einem Tisch zum anderen und schreiben ihre Ideen, Gedanken und ihr Vorwissen zu den Aufgabenstellungen auf. Im Anschluss an diese Übung werden die Ergebnisse vorgelesen.

  Folgende Fragestellungen können auf den Bögen stehen: Was wisst ihr über Mauern? Welche Türme fallen euch ein? Welche Brücken kennt ihr?

  Die Kinder sollten eigene Materialien zu diesem Thema von zu Hause mitbringen. Sie können sämtliche Alltagsmaterialien mitbringen (z. B. Schachteln, Strohhalme, kleine Holzstäbe, Kartons, Eisstiele, Bausteine). Es lassen sich ganze Kisten mit kleinen Ziegelsteinen bei einigen Firmen zu diesem Thema bestellen. Für den Bau einer Bogenbrücke werden abgeschrägte Bausteine benötigt.
- Der Einstieg in das Thema kann ebenso mit einem Gedankenschwarm geschehen. Auch ein Kugellager bietet sich an. Die Methode des Kugellagers kann durchaus zur Wiederholung einzelner Aspekte, z. B. der verschiedenen Brückenarten, eingesetzt werden.
- Die Texte auf den Arbeitsblättern sind teilweise etwas länger, sodass auch stärkere und ältere Schüler entsprechend gefordert werden. Leistungsschwächeren Schülern können diese Texte z. B. von einem Partner vorgelesen werden oder die Texte werden von Ihnen auf einen Reader gesprochen, sodass die Schüler sich die Texte mehrmals anhören können.
- Ebenso ist das Sammeln der Ergebnisse in einem „Bauwerkeheft“ oder in einer „Bauwerkemappe“ möglich.
- Das vorliegende Material kann darüber hinaus als Lernstation angeboten werden. Dafür müssen die Arbeitsblätter Stationenüberschriften erhalten und ein kleiner Laufzettel angefertigt werden.

Gedankenschwarm zum Thema „Bauwerke und Konstruktionen“

Was fällt dir zum Thema „Bauwerke und Konstruktionen“ ein?
Trage deine Gedanken und Ideen in den Gedankenschwarm ein.

Bauwerke und Konstruktionen

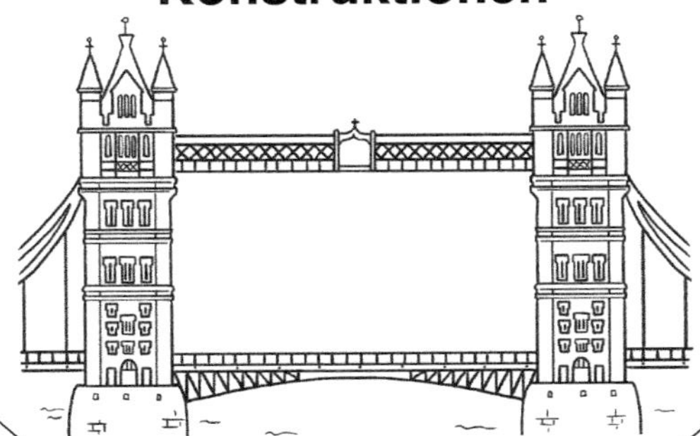

Wissenswertes über Mauern

1. Lies dir das Interview durch, das Wilma Waschbär geführt hat.

Wilma Waschbär: Hallo, Herr Müller. Schön, dass Sie heute Zeit für mich haben.

Herr Müller: Hallo, Wilma. Das ist doch selbstverständlich. Ich kann beim Mauern ruhig mal eine Pause machen. Die Steine laufen mir ja nicht weg!

Wilma Waschbär: Was mauern Sie denn da gerade?

Herr Müller: Ach, das wird eine Mauer für eine Parkanlage. Es ist eine Mauer, um den Park abzugrenzen.

Wilma Waschbär: Können Sie mir einige Informationen zu Mauern geben?

Herr Müller: Klar, mit Mauern kenne ich mich gut aus. Es gibt viele verschiedene Mauern. Um ein Haus zu bauen, werden Mauern benötigt. Eine Stadt war früher mit einer Stadtmauer umgeben, um Feinde abzuhalten. In einigen Parks lassen sich Mauern finden. Mauern können schützen, sie können aber auch etwas furchteinflößend sein.

Wilma Waschbär: Ja, wie damals die Berliner Mauer, die mitten durch die Stadt verlief. Sie war eine streng bewachte Grenze ... Aber nun zurück zu Ihren Mauern, Herr Müller.

Herr Müller: Es gibt verschiedene Arten von Mauern. Zu Mauern zählen nur Bauwerke, die aus einzelnen Steinen gefertigt wurden. Diese Steine werden übereinandergestapelt.
Gebaut werden Mauern von einem Handwerker mit der Berufsbezeichnung Maurer, wie ich einer bin.
Bei Mauern können die Steine unterschiedlich verbaut sein und die Mauern können aus unterschiedlichen Materialien gebaut sein. Es gibt Mauern, die sind aus ganz natürlichen Steinen gebaut, wie z. B. Sandstein oder Kalkstein. Dann gibt es Materialien für Mauern, die künstlich sind, wie z. B. Mauerziegel oder Lehmziegel. Es gibt Mauern, die werden aus Steinen gebaut, die in der Gegend herumliegen.
Meistens werden Mauern aber aus künstlichen Steinen gebaut und mit oder ohne Mörtel in einem Mauerwerksverband miteinander verbunden.

Wilma Waschbär: Was ist denn Mörtel und was ist ein Mauerwerksverband?

Wissenswertes über Mauern

Herr Müller: Mörtel ist eine Art Klebstoff für Steine, damit diese besser aufeinander halten. Ein Mauerwerksverband ist eine bestimmte Technik, um eine zusammenhängende Mauer zu bauen.
Es gibt Mauern, die haben eine tragende Funktion, also auf denen lastet z. B. ein Dach, und dann gibt es Mauern, die eine nicht tragende Funktion haben.
Damit eine Mauer gut hält, werden die Steine nicht übereinander versetzt, sondern gegeneinander versetzt gemauert.

Wilma Waschbär: Das hört sich doch alles sehr kompliziert an.

Herr Müller: Ach nein. Kompliziert ist es nicht. Man braucht nur ein bisschen Übung.

Wilma Waschbär: Ich verstehe. Vielen Dank für die vielen Informationen. Mir schwirrt der Kopf. Ich werde mich jetzt erst mal in den Schatten einer Mauer legen und ein kleines Nickerchen halten.

Herr Müller: Tun Sie das ruhig. So eine Mauer ist ein guter Schattenspender.

2. Beantworte die Fragen zum Text.

1. Was ist ein Maurer?

____

2. Wofür werden Mauern benötigt?

____

3. Woraus bestehen Mauern?

____

4. Was ist Mörtel?

____

5. Welche Mauer ist stabiler? Kreuze an.

☐ 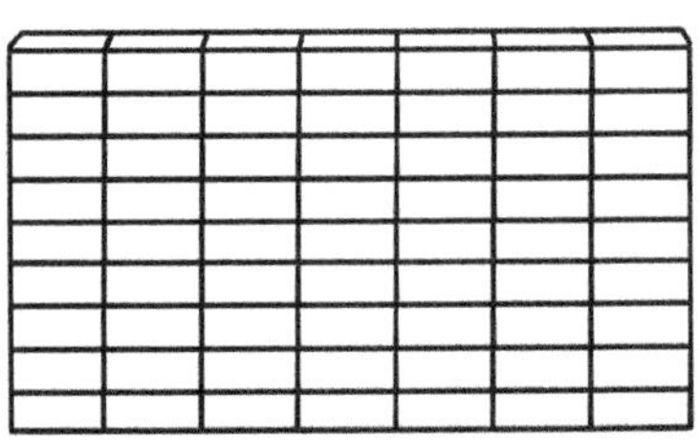

☐ 

3. Erkundige dich über verschiedene Arten, eine Mauer zu bauen. Es gibt bestimmte Verbände, die die Maurer benutzen, um eine Mauer zu bauen, wie z. B. den Läuferverband. Stelle deiner Klasse einige Mauerverbände vor.

Berühmte Mauern

Wusstest du, dass es in der Stadt Seattle in Amerika eine ganz ungewöhnliche Mauer gibt? Diese Ziegelsteinmauer ist beklebt mit Tausenden von Kaugummis! Vor fast 30 Jahren klebten Theaterbesucher, die neben der Mauer in der Schlange warteten, einfach ihre Kaugummis an die Mauer. Seitdem haben immer wieder Leute ihre Kaugummis dort angeklebt. So ist eine Art Kunstwerk entstanden. Verrückt, was?!

1. Lies die Texte.

Chinesische Mauer

Die Chinesische Mauer ist die berühmteste Mauer der Welt. Sie ist etwas ganz Besonderes, denn die überwiegend aus Stein gebaute Mauer ist insgesamt über 21 000 Kilometer lang. Die Mauer wurde als Schutzwall zur Abwehr von Feinden gebaut. Mit dem Bau der Mauer wurde im 7. Jahrhundert vor Christus begonnen. Fast 2 000 Jahre lang wurde immer wieder an der Mauer gebaut. Einige Teile der Mauer sind heute noch gut erhalten. Der Großteil ist aber in einem sehr schlechten Zustand oder nicht mehr vorhanden. Lange glaubte man, dass die Chinesische Mauer vom Mond aus gesehen werden kann. Das stimmt allerdings nicht.
Viele Menschen reisen nach China, um die Chinesische Mauer zu sehen.
Die Chinesische Mauer gilt als das größte Bauwerk der Welt. Sie gehört zum Weltkulturerbe der UNESCO.

Berliner Mauer

Die Berliner Mauer wurde 1961 in Deutschland gebaut und verlief rund um Westberlin. Sie war 155 Kilometer lang und bestand aus sehr viel Stahlbeton.
Nach dem 2. Weltkrieg gab es zwei deutsche Staaten, die Deutsche Demokratische Republik (DDR) und die Bundesrepublik Deutschland (BRD). Berlin lag mitten in der DDR, aber ein Teil der Stadt, Westberlin, gehörte zur BRD. Westberlin war also eine Insel, die umgeben war von der DDR. Die Berliner Mauer wurde als Grenze zwischen den beiden Staaten errichtet, weil die Regierung der DDR verhindern wollte, dass Menschen, die in der DDR unzufrieden waren, einfach in den Westen zogen. Deswegen war die Berliner Mauer eine streng bewachte Grenze, die die Ostberliner nur mit einer besonderen Genehmigung überqueren durften. Manche Menschen flohen auch heimlich über die Grenze. 1989 wurde die Mauer geöffnet. Die Öffnung der Berliner Mauer wird auch als Mauerfall bezeichnet. Am 3. Oktober 1990 wurde die DDR aufgelöst. Seitdem gibt es nur noch die Bundesrepublik Deutschland.
Einige Reste der Mauer lassen sich heute noch finden und können als Gedenkstätte besucht werden. Das bekannteste und längste erhaltene Mauerstück ist die East Side Gallery. Das Mauerstück ist über einen Kilometer lang. Hier haben sich viele Künstler verewigt.

Klagemauer in Jerusalem

Die Klagemauer in der Altstadt von Jerusalem in Israel ist für Juden eine religiöse Stätte. Sie wird daher von vielen Juden besucht. Die heutige Klagemauer ist nämlich ein Teil der alten Befestigungsmauer der beiden zerstörten Tempel. Die Mauer ist über 2000 Jahre alt. Sie wurde aus großen Kalksteinen gebaut. Nur 57 Meter der Mauer sind heute sichtbar, der andere Teil der Mauer liegt versteckt unter der Erde. Die Klagemauer ist den Gläubigen sehr wichtig. Jeden Tag kommen viele Menschen an die Mauer, um zu beten. Oft stecken sie auf Zettel geschriebene Gebete oder Wünsche in die Ritzen der Mauer.

Stadtmauer von Dubrovnik

In der Stadt Dubrovnik in Kroatien gibt es noch heute eine Stadtmauer, die im frühen Mittelalter errichtet wurde. Auch fünf Festungsanlagen sind Teil des Bauwerks. Früher war die Mauer außerdem noch mit Kanonen ausgestattet, um die Feinde abwehren zu können.
Die Mauer ist etwa zwei Kilometer lang. Sie wurde aus dicken Kalksteinen errichtet. Die Mauer ist an manchen Stellen bis zu sechs Meter breit und 25 Meter hoch. Bis heute ist die Mauer vollständig erhalten. Sie gehört sogar zum UNESCO-Welterbe. Viele Menschen besuchen Dubrovnik, um sich diese besondere Mauer und die Altstadt von Dubrovnik anzuschauen.

2. Schneide die Bilder aus und klebe sie zu den passenden Texten.

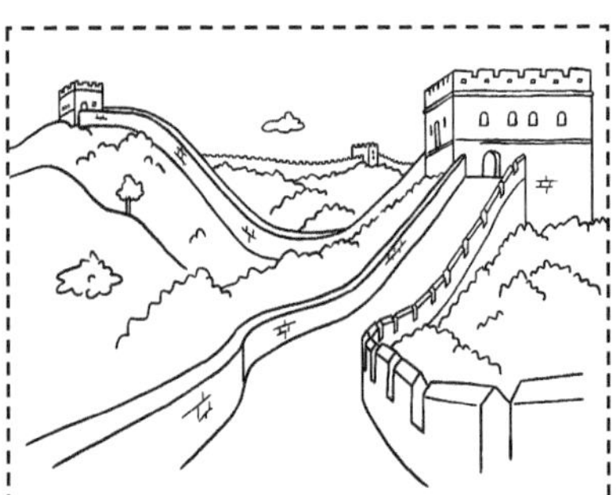

3. Erkundige dich im Internet oder in einem Lexikon zu einer besonderen Mauer und stelle die Informationen deinen Mitschülern vor.
Suche dir dafür eine der folgenden Mauern aus: marokkanische Mauer, Aurelianische Mauer, Hadrians Wall, Belfast Peace Line.

Mauer-Steckbrief

Suche dir eine berühmte Mauer aus und fülle den Steckbrief dazu aus.

Klebe hier eine Zeichnung oder ein Foto der Mauer ein.

Name der Mauer: ____________________

Standort der Mauer: ____________________

____

Grund der Errichtung:

____

____

Datum der Errichtung: ____________________

Länge der Mauer: ____________________

Material der Mauer: ____________________

Zustand der Mauer:

____

____

Besonderheiten der Mauer:

____

____

Erkläre, warum du dir gerade diese Mauer ausgesucht hast:

____

____

____

____

____

Mauern bauen

Arbeitet in Dreiergruppen.

1. **Baut eine möglichst stabile Mauer aus Bausteinen.**
   Betrachtet auch die Ergebnisse der anderen Schüler.
2. **Zeichnet eure Mauer ab. Wichtig ist, dass die Vorderansicht der Mauer zu sehen ist.**

3. **Testet, wie stabil eure Mauer ist. Ihr könnt dafür ein kleines Auto gegen eure Mauer fahren oder eine kleine Kugel dagegenrollen lassen.**
4. **Was glaubt ihr, woran es liegen kann, dass einige Mauern stabiler sind als andere?**

____

____

____

5. **Schaut euch die Abbildungen an.**
   Welche Mauer ist die stabilere von beiden? Kreuzt an.

☐ 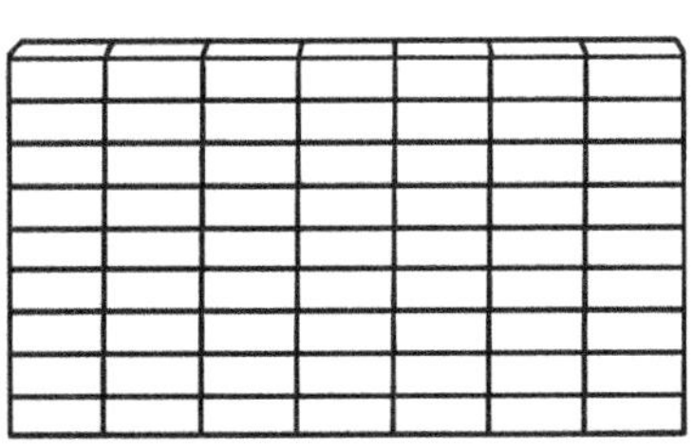

☐ 

6. **Begründet eure Vermutung.**

____

____

____

7. **Baut die Mauerarten mit Bausteinen nach.**

Läuferverband

Kreuzverband

wilder Verband

8. **Probiert aus, welche Mauer am stabilsten ist. Ihr könnt die Mauer testen, indem ihr ein kleines Auto gegen die Mauer fahren lasst.**

9. **Was macht Mauern stabil? Begründet eure Lösung.**

Mauern bauen

Arbeite mit einem Partner.

Experiment A:

1. **Baut zwei Mauern aus Bausteinen. Eine Mauer sollte dicker sein als die andere. Zeichnet eure Mauern ab.**

2. **Testet, welche Mauer am stabilsten ist. Ihr könnt es testen, indem ihr ein kleines Auto gegen die Mauer fahren lasst.**
3. **Was habt ihr herausgefunden?**

____

____

Experiment B:

4. **Baut nun eine Mauer aus kleinen Schachteln, z. B. Streichholzschachteln.**
5. **Testet, ob diese Mauer stabil ist.**
6. **Schreibt eure Ergebnisse auf.**

____

____

7. **Füllt den Lückentext aus. Setzt die Wörter ein.**

Steine • dick • Baumaterial • Mauer • Mauerverband

Um eine ______________ möglichst stabil zu bauen, muss einiges beachtet werden. Als ______________________ eignen sich am besten Steine. Diese ____________ sollten im __________________________ gemauert werden, also versetzt. Für die Stabilität der Mauer ist es wichtig, dass sie möglichst ___________ sein sollte.

Wissenswertes über Türme

1. Lies dir das Interview durch, das Wilma Waschbär geführt hat.

Wilma Waschbär: Ich bin heute mit einem Leuchtturmwärter verabredet und schon sehr gespannt, was er mir alles über Türme erzählen kann. Da ist er ja auch schon. Hallo, Johann!

Leuchtturmwärter Johann: Hallo, Wilma! Schön, dich zu sehen.

Wilma Waschbär: Du verbringst ja sehr viel Zeit auf einem Leuchtturm. Kannst du mir ein wenig über Türme erzählen?

Leuchtturmwärter Johann: Aber klar. Mit Türmen kenne ich mich aus. Ein Turm ist ein Bauwerk, das nach oben ragt und meistens begehbar ist. Türme sind höher als ihr Durchmesser und meistens höher als andere Bauten, die um sie herum zu finden sind. Ein Turm kann aus mehreren, verschiedenen Materialien gebaut sein, wie z. B. Stein, Holz oder Beton. Türme sind Bauwerke, die im Lot sind, also ganz gerade gebaut sind. Außerdem sind sie meist unten etwas breiter und nach oben werden sie schlanker. Türme können quadratisch oder rund sein oder auch eine andere Form haben.

Wilma Waschbär: Interessant. Ein Leuchtturm ist ja nun ein besonderer Turm. Wofür sind denn Leuchttürme wichtig?

Leuchtturmwärter Johann: Leuchttürme stehen meistens an der Küste. Sie sind dafür da, ein Lichtzeichen abzugeben. Besonders nachts kann dieses Lichtsignal von den Schiffen auf dem Meer gesehen werden. Das Leuchtsignal soll die Fischer warnen, damit sie nicht zu dicht an die Küste kommen. Auch als Wegweiser dienen Leuchttürme.

Wilma Waschbär: Sind Leuchttürme die einzigen Türme?

Leuchtturmwärter Johann: Aber nein. Es gibt noch viele andere Arten von Türmen, z. B. Aussichtstürme, Glockentürme, Sprungtürme und Wassertürme. Türme können nützlich sein, wenn sie z. B. ein hörbares Signal abgeben sollen, wie bei einem Glockenturm. An alten Burgen oder Schlössern lassen sich Wachtürme finden. Fernsehtürme sind dafür da, um Fernsehwellen zu empfangen. In Wassertürmen wird Trinkwasser gespeichert.

Wissenswertes über Türme

Wilma Waschbär: Warum lassen sich denn an Kirchen meistens Türme finden?

Leuchtturmwärter Johann: Kirchen haben meist einen Turm, weil die Menschen glaubten, wenn sie den Turm besteigen, wären sie Gott näher. Aussichtstürme werden bestiegen, damit die Menschen weit in die Landschaft schauen können.

Wilma Waschbär: Wie lange gibt es schon Türme?

Leuchtturmwärter Johann: Die ersten Türme wurden schon vor langer Zeit gebaut, sogar schon 7500 vor Christus.

Wilma Waschbär: Du kennst dich ja wirklich gut aus. Vielen Dank für das nette Interview.

2. Unterstreiche alle Turmarten, die im Text genannt werden, einmal.

3. Verbinde die Sätze mit den passenden Abbildungen.

Leuchttürme sind dafür da, ein Lichtzeichen abzugeben, damit es vom Meer aus gesehen werden kann.

Ein Glockenturm beherbergt die Glocken. Ein Kirchturm wurde meistens gebaut, damit man dort Gott näher sein konnte.

Fernsehtürme sind dafür da, um Fernsehwellen zu empfangen.

Auf einen Aussichtsturm kann man steigen, um die Aussicht zu genießen.

Ein Wasserturm speichert Wasser.

Einen Sprungturm findet man im Schwimmbad.

4. Suche dir eine Turmart aus und sammle Informationen dazu im Internet. Gestalte ein Lernplakat dazu und stelle es deiner Klasse vor.

Berühmte Türme

1. Lies die Texte.

Der schiefe Turm von Pisa

Dieser Turm ist wirklich etwas ganz Besonderes, denn er ist das bekannteste geneigte Gebäude der Welt. Er steht in der Stadt Pisa, in Italien. Im Jahr 1173 wurde mit dem Bau des Turmes begonnen, doch die Arbeiten wurden wieder eingestellt, da der Boden zu weich war und die Bauarbeiter Sorge hatten, der Turm könnte umkippen. Erst nach 100 Jahren wurde weitergebaut und auch hier gab es wieder einen Baustopp. Nach insgesamt fast 200 Jahren seit Baubeginn wurde der Turm schließlich im Jahr 1350 fertiggestellt. Die Gefahr, dass der Turm kippen würde, war immer vorhanden. Der Turm wurde 1990 sogar für die Öffentlichkeit gesperrt. Seit 2001 ist der Turm wieder geöffnet, weil die Bauingenieure es geschafft haben, den Turm um 44 cm aufzurichten. Zwar ist der Turm immer noch schief, aber er ist wieder sicher begehbar. Der Turm und mit ihm der Dom, eine Kirche und ein Friedhof in seiner unmittelbaren Nähe gehören zum UNESCO-Weltkulturerbe.

Der Eiffelturm

Der Eiffelturm ist einer der berühmtesten Aussichtstürme. Er steht in der französischen Hauptstadt Paris und ist 300 Meter hoch. Der Eiffelturm ist ein Beispiel für den Skelettbau. Jedes Jahr kommen viele Menschen, um sich das Wahrzeichen der Stadt anzuschauen. Der Eiffelturm wurde von dem Ingenieur Gustave Eiffel geplant und sollte zur Weltausstellung im Jahr 1889 errichtet und anschließend wieder abgerissen werden. Viele Menschen wollten diesen modernen Eisenfachwerkturm damals nicht. Doch nachdem er nach etwa zweijähriger Bauzeit in voller Pracht stand, wurde er natürlich nicht wieder zerstört. Er gilt als ein besonderes Zeichen für die Zeit des Industriezeitalters.

Berühmte Türme

Der Fernsehturm von Berlin

Der Fernsehturm in Berlin wurde 1969 gebaut und ist 368 Meter hoch. Der Turm wurde in Kletterbauweise errichtet, das heißt, innen wurde das Stahlgerüst immer etwas schneller nach oben gebaut als die äußere Betonschicht. Oben im Turm befindet sich eine Aussichtsplattform und viele Besucher kommen und schauen sich den Fernsehturm an und genießen die Aussicht.
Der Berliner Fernsehturm ist das höchste Bauwerk Deutschlands.

Burj Khalifa

Das aktuell höchste Bauwerk der Welt steht in den Vereinten Arabischen Emiraten in der Stadt Dubai. Es ist ein Wolkenkratzer und heißt Burj Khalifa. Dieser Turm ist 828 Meter hoch. Begonnen wurde mit dem Bau im Jahr 2004. Im Jahr 2010 wurde der Turm eingeweiht.
Mit dem Fahrstuhl kann man bis ins 189. Stockwerk hochfahren. Im Burj Khalifa befinden sich ein Hotel, Wohnungen und Büros. Auch eine Aussichtsplattform in 456 Metern Höhe gibt es in dem Turm. Im 123. Stock ist außerdem das höchstgelegene Restaurant der Welt zu finden.

2. Schneide die Bilder aus und klebe sie zu den passenden Texten.

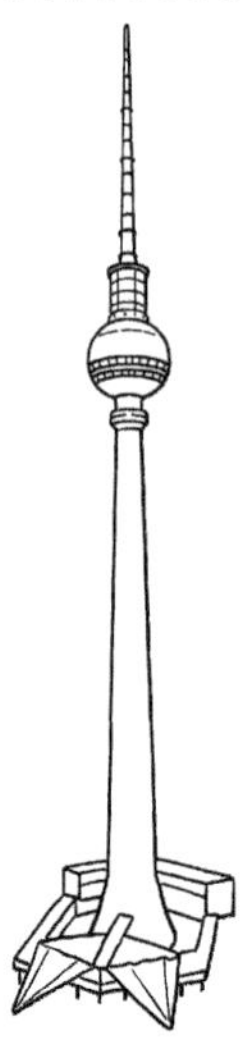

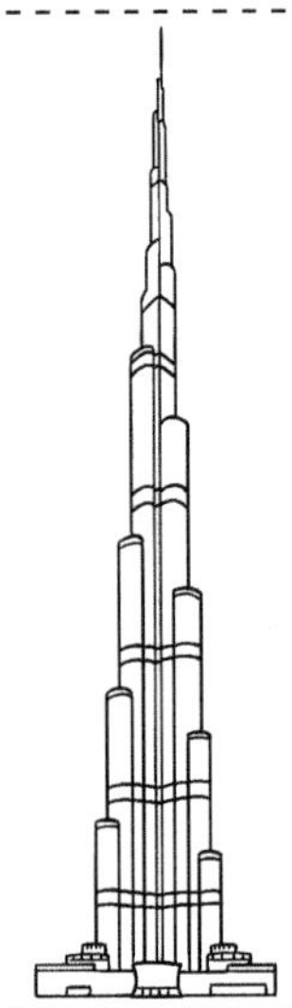
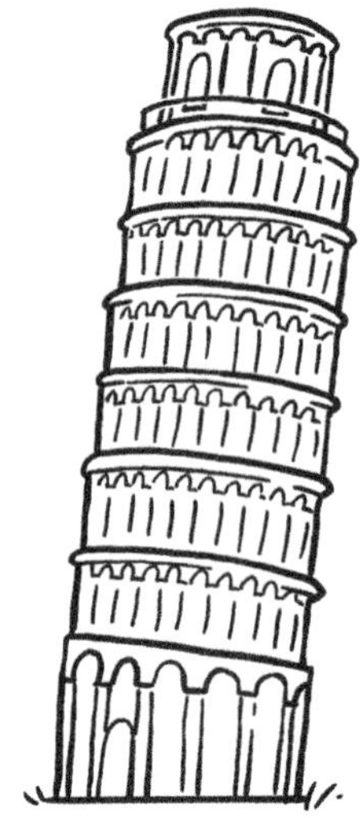

Türme aus unterschiedlichen Materialien bauen

Arbeite mit einem Partner.

Experiment A:

1. **Fertigt eine Zeichnung für einen möglichst hohen Turm aus Bausteinen an. Der Turm sollte stabil sein.**
2. **Baut den Turm.**
3. **Messt aus, wie hoch und breit euer Turm ist.**

Höhe: ____________ Breite: ____________

Experiment B:

4. **Baut einen möglichst hohen Turm mit Materialien aus der Federmappe.**
5. **Zeichnet diesen Turm ab.**
6. **Messt aus, wie hoch und breit euer Turm ist.**

Höhe: ____________ Breite: ____________

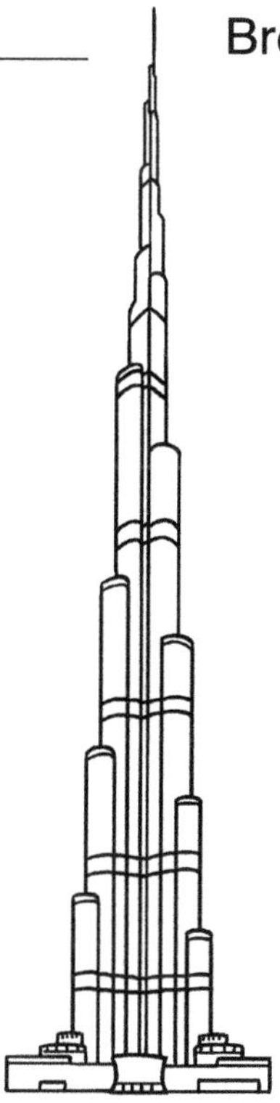

Türme aus unterschiedlichen Materialien bauen

Experiment C:

7. Baut einen möglichst hohen Turm aus Büchern.

8. Zeichnet diesen Turm ab.

9. Messt aus, wie hoch und breit euer Turm ist.

Höhe: ____________ Breite: ____________

Experiment D:

10. Baut einen möglichst hohen Turm aus Streichholzschachteln.

11. Zeichnet diesen Turm ab.

12. Messt aus, wie hoch und breit euer Turm ist.

Höhe: ____________ Breite: ____________

13. Welcher Turm ist wohl am stabilsten?
Schreibt eure Vermutung mit Begründung auf.

14. Um zu testen, welcher Turm am stabilsten ist, lasst ein kleines Spielzeugauto gegen die Türme fahren oder rollt einen Ball gegen jeden Turm.

15. Welcher Turm ist am stabilsten?

Türme in Skelettbauweise bauen

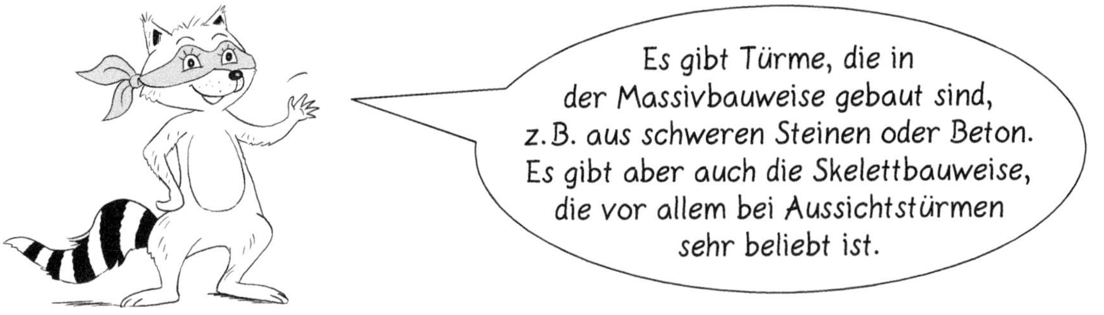

Arbeite mit einem Partner.

1. Überlegt, was der Begriff „Skelettbauweise" bedeuten könnte.

____

____

____

2. Baut aus Schaschlikspießen oder Zahnstochern und Knetkugeln ein stabiles Bauwerk. Der Turm darf sich nicht bewegen.

3. Zeichnet euer Bauwerk ab.

4. Wie hoch und wie breit ist euer Bauwerk?

Höhe: ____________ Breite: ____________

5. Wie könnt ihr die Stabilität des Turmes erhöhen?

____

____

____

____

6. Ordnet die Begriffe richtig zu. Verbindet.

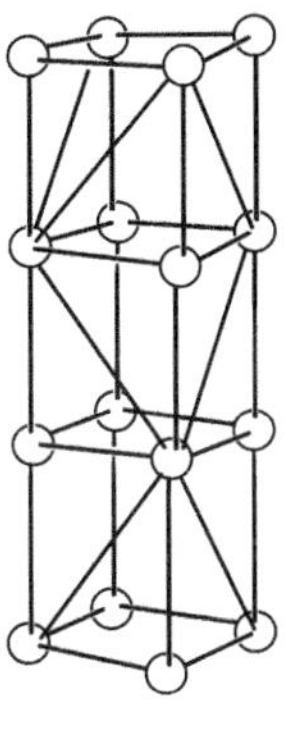

Träger

Stütze

Strebe

Türme aus Papier bauen

Arbeite mit einem Partner.

Experiment A:

1. **Baut einen Turm aus Papier. Lasst eurer Fantasie freien Lauf. Denkt daran, dass ihr Papier rollen, falten, knicken und kleben könnt.**

2. **Zeichnet diesen Turm ab.**

Experiment B:

3. **Baut einen Turm aus Papier in Skelettbauweise. Benutzt dafür Streifen aus etwas dickerem Papier.**

4. **Zeichnet diesen Turm ab.**

5. **Was macht einen Turm aus Papier stabil?**

____

____

____

____

____

____

6. **Baut eine Murmelbahn aus Papier. Dafür braucht ihr einige Türme, an denen die Röhren für die Murmeln befestigt werden (z. B. aus Küchen- oder Klopapierrollen). Probiert eure Murmelbahn aus.**

Türme aus Bausteinen bauen

Arbeitet in Dreiergruppen.

Experiment A:

1. **Baut zwei gleich große Türme aus Bausteinen. Der eine Turm sollte eine größere Standfläche haben als der andere Turm.**
2. **Was glaubt ihr, welcher der beiden Türme ist stabiler?**

____

3. **Um zu testen, welcher Turm am stabilsten ist, lasst ein kleines Spielzeugauto gegen die Türme fahren oder rollt einen Ball gegen jeden Turm.**
4. **Woran könnte es liegen, dass der eine Turm stabiler ist als der andere? Erklärt.**

____

Experiment B:

5. **Baut einen möglichst hohen Turm aus Bausteinen, der nach oben hin breiter wird.**
6. **Um zu testen, wie stabil dieser Turm ist, lasst ein kleines Spielzeugauto gegen den Turm fahren oder rollt einen Ball gegen den Turm. Erzeugt einen Windhauch, indem ihr eine Pappe hin- und herschwingt. Wo liegt bei diesem Turm der Schwerpunkt?**

____

Experiment C:

7. **Baut einen möglichst hohen Turm aus Bausteinen, der nach oben hin schmaler wird.**
8. **Um zu testen, wie stabil dieser Turm ist, lasst ein kleines Spielzeugauto gegen den Turm fahren oder rollt einen Ball gegen den Turm. Erzeugt einen Windhauch, indem ihr eine Pappe hin- und herschwingt. Wo sollte der Schwerpunkt eines Turmes liegen?**

____

9. **Lies den Lückentext. Setze die Wörter ein.**

Fundament • Schwerpunkt • im Wechsel • Standfläche

Türme benötigen unten eine große ____________________. Die Steine des Turmes sollten ____________________ miteinander verbaut sein. Der ____________________ des Turmes, also der schwerere Teil des Turmes, sollte nahe am Boden sein. Das ____________________ eines Turmes muss so beschaffen sein, dass es den Turm gut tragen kann.

Wissenswertes über Brücken

1. Lies dir das Interview durch, das Wilma Waschbär geführt hat.

Wilma Waschbär: Heute bin ich mit einer Brückenbauingenieurin verabredet. Ich habe schon fast diese große Brücke überquert. Uff, die ist ganz schön lang. Ach, da hinten kommt ja Frau Meyer. Guten Tag, Frau Meyer.

Frau Meyer: Hallo, Wilma, schön, dass du dich für Brücken interessierst.

Wilma Waschbär: Ja, ich möchte gerne vieles über Brücken erfahren. Schließlich findet man sie ja überall auf der Welt. Warum gibt es sie überhaupt?

Frau Meyer: Schon sehr früh erfanden Menschen Brücken. Brücken lassen sich überall auf der Welt finden. Brücken werden gebaut, um etwas zu überqueren. Eine Brücke ist ein Bauwerk, das über andere Verkehrswege oder Hindernisse führt, z. B. über ein Tal oder einen Fluss. Bereits im Jahr 1525 vor Christus wurde die erste Brücke gebaut. Während der Römerzeit wurden Brücken benutzt, um darin Wasser zu transportieren. Diese „Wasserbrücken“ werden Aquädukte genannt. In Asien und Südamerika wurden sogar schon vor 1000 Jahren Brücken aus Pflanzenfasern gebaut. Egal, wie unterschiedlich Brücken sind, sie haben alle das Ziel, Menschen, Tiere oder Fahrzeuge auf die andere Seite zu bringen.

Wilma Waschbär: Woraus bestehen Brücken?

Frau Meyer: Als Baumaterial eignet sich ein einfacher Baumstamm bis hin zu einem Materialmix aus Stahl, Beton und Steinen. Auch Brücken, die nur aus Holz gebaut sind, gibt es. Es gibt ganz einfach gebaute Brücken oder komplizierte Bauwerke mit vielen Konstruktionen.

Wilma Waschbär: Darf man jede Brücke einfach so überqueren?

Frau Meyer: Früher mussten die Menschen, wenn sie Brücken überqueren wollten, sogar Geld dafür bezahlen. Das ist auch heute manchmal noch so.

Wilma Waschbär: Werden alle Brücken immer gleich gebaut oder gibt es verschiedene Bauweisen?

Frau Meyer: Brücken zu bauen, ist eine Wissenschaft für sich. Die Menschen lernten zunehmend, stabilere Brücken zu bauen. Erst wurden überwiegend Bogen- oder Balkenbrücken gebaut.

	Dann entstanden nach und nach komplizierte Brücken, wie Hängebrücken, bewegliche Brücken oder auch Schwimmbrücken.
Wilma Waschbär:	Welche Brückenarten gibt es denn?
Frau Meyer:	Es gibt Autobahnbrücken, Eisenbahnbrücken, Fußgängerbrücken, Straßenbrücken, Stadtbahnbrücken und Wasserbrücken. Bei Brücken lässt sich häufig der gleiche Aufbau finden. Sie bestehen aus einem Überbau und einem Unterbau. Zum Überbau gehören die Stützen oder Pfeiler und der Träger mit der Fahrbahn. Zum Unterbau gehören die Fundamente, die Pfeiler und die Widerlager. Widerlager verhindern, dass die Brücke weggleitet.
Wilma Waschbär:	Sie haben recht. Brücken zu bauen, ist eine Wissenschaft für sich. Gut, dass es Menschen gibt wie Sie, die sich damit auskennen. Vielen Dank für das interessante Interview, Frau Meyer.

2. Unterstreiche alle Brückenarten, die im Text genannt werden, einmal.

3. Beschrifte die Teile einer Brücke.

Pfeiler (Stütze) • Fundament • Widerlager • Stahlseil • Fahrbahn

Verschiedene Arten von Brücken

1. Lies den Text.

2. Unterstreiche jede Brückenart einmal.

Es gibt viele verschiedene Bauweisen, wie Brücken gebaut sein können.
Die Balkenbrücke ist eine sehr einfache Bauweise, denn für diese Brückenart werden nur Pfeiler benötigt, über die ein Balken gelegt wird. Diese Brückenart wird auch heute noch häufig gebaut, z. B. über Autobahnen. Wenn es eine lange Balkenbrücke ist, so muss der Balken auch sehr stabil sein. Dann sollten unterhalb des Balkens Pfeiler vorhanden sein, damit eine Brücke hält.
Eine weitere Bauart ist, die Brücke, also die Fahrbahn, mit Drahtseilen an großen Masten aufzuhängen. Diese Brückenart wird Schrägseilbrücke genannt. Eine Schrägseilbrücke hat viele Seile aus Stahl. Diese Seile verlaufen schräg. Leider sind diese Brücken sehr windanfällig und können bei starkem Wind zu schwingen beginnen.
Die Fachwerkbrücke ist schon etwas Besonderes, denn bei dieser Art werden Streben aus Holz, Stahl oder anderem Material miteinander verbunden. Dabei entstehen häufig Dreiecksmuster.
Es gibt Klappbrücken. Wie der Name schon sagt, können sie hochgeklappt werden. Die Brücken hängen an starken Seilen oder Ketten. Wenn sie z. B. über einen Kanal führen, können sie hochgezogen werden, wenn ein Schiff den Kanal entlangfahren will. Klassische Zugbrücken lassen sich vor allem auf Burgen finden.
Es gibt Hängebrücken für das Überqueren von sehr langen Strecken. Diese Brückenart benötigt kaum Stützpfeiler, aber viele Seile aus Stahl. Leider sind diese Brücken, wie die Schrägseilbrücken, sehr windanfällig. Wenn ein starker Wind weht, werden Hängebrücken daher häufig gesperrt.
Eine Bogenbrücke ist schon ein kleines Phänomen, denn diese Brücke hat unterhalb der Fahrbahn einen Bogen, der die ganze Fahrbahn hält. Der Bogen besteht meistens aus Steinen und viele Brücken haben gleich mehrere Bögen nebeneinander. Es gibt aber auch Bogenbrücken, die oberhalb der Fahrbahn den Bogen haben.

3. Beschrifte die Bilder.

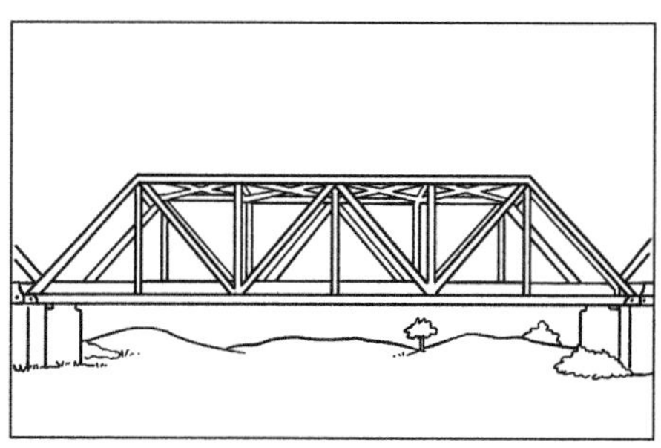

Berühmte Brücken

1. Lies die Texte.

Tower Bridge

Diese berühmte Hänge- und Klappbrücke steht in der englischen Hauptstadt London und führt über die Themse. Die Brücke ist 244 Meter lang. Jeder der beiden Türme ist 65 Meter hoch. In einer Höhe von 43 Metern gibt es eine besondere Fußgängerbrücke mit einem Boden aus Glas. Die Brücke ist eins von Londons bekanntesten Wahrzeichen.

Golden Gate Bridge

Das Wahrzeichen der Stadt San Francisco in den USA ist die Golden Gate Bridge. Die berühmte Hängebrücke wurde zwischen 1933 und 1937 erbaut. Sie ist 2737 Meter lang. Damit gehört die Golden Gate Bridge zu den längsten Hängebrücken der Welt. Ihr orangeroter Farbton ist für Brücken eher ungewöhnlich, aber das macht die Golden Gate Bridge gerade so besonders. Die Brücke ist ein wichtiger Verkehrsweg. Über 100000 Autos fahren täglich über die Brücke.

Glenfinnan-Viadukt

Ein Viadukt ist meistens eine hohe und lange Brücke für Autostraßen oder Eisenbahnen, die ähnlich wie ein Aquädukt aus mehreren Brückenfeldern besteht. Vor allem alte Viadukte haben häufig viele Bögen und führen über ein Tal hinweg. Ein solches Viadukt ist die berühmte Eisenbahnbrücke in Schottland. Das Glenfinnan-Viadukt wurde durch die Harry-Potter-Filme berühmt, weil darin der Hogwarts Express über die Brücke fährt. Es ist eine klassische Bogenbrücke. Die Brücke ist über 100 Jahre alt und eine der ersten großen Betonbrücken, die je gebaut wurden.

Viadukt von Millau

Das Viadukt von Millau ist eine Autobahnbrücke in Frankreich. Die Brücke ist 2460 Meter lang und damit die längste Schrägseilbrücke der Welt. Sie wurde im Jahr 2004 eröffnet und gilt mit ihrer Höhe von 343 Metern sogar als das höchste Bauwerk Frankreichs. Damit ist sie höher als der Eiffelturm.

2. Schneide die Bilder aus und klebe sie zu den passenden Texten.

3. Suche dir eine Brücke aus. Erkundige dich im Internet über diese besondere Brücke und berichte deinen Mitschülern von deinen Nachforschungen. Du kannst auch einen Steckbrief dazu anfertigen.

Brücken aus Bausteinen und Papier bauen

Arbeite mit einem Partner.

Experiment A:

1. **Überlegt, wie ihr aus Bausteinen eine einfache Balkenbrücke bauen könnt. Zeichnet eure Idee auf.**

2. **Baut nun mithilfe eurer Skizze die Brücke.**
3. **Befahrt eure Brücke mit kleinen Spielzeugautos. Ist eure Brücke stabil?**

Experiment B:

4. **Legt zweimal fünf Bücher übereinander. Stellt die beiden Stapel nebeneinander.**
5. **Nehmt nun einige Blätter Papier und faltet aus diesem Papier eine Brücke, die ca. acht Zentimeter lang ist. Legt die Papierbrücke über die Bücher.**
6. **Legt nun ein Gewicht (z. B. ein kleines Buch) auf die Brücke. Was könnt ihr beobachten?**

7. **Wie könnt ihr eure Brücke noch stabiler machen? Wie müsst ihr das Papier falten, damit die Brücke mehr Gewicht aushält?**

Experiment C:

**8. Bastelt nun eine Brücke aus zwei Streifen.
Klebt zwischen diese Streifen ein gefaltetes Ziehharmonika-Papier.
Ihr könnt auch kleine, selbst hergestellte Papierrollen dazwischenkleben.
Legt die Papierbrücke wieder über die Bücher.**

9. Legt nun wieder ein Gewicht (z. B. ein kleines Buch) auf diese Brücke.

10. Was könnt ihr beobachten?

____

____

____

____

____

11. Wie kann eine Brücke also stabiler gemacht werden?

____

____

____

____

____

Eine Bogenbrücke bauen

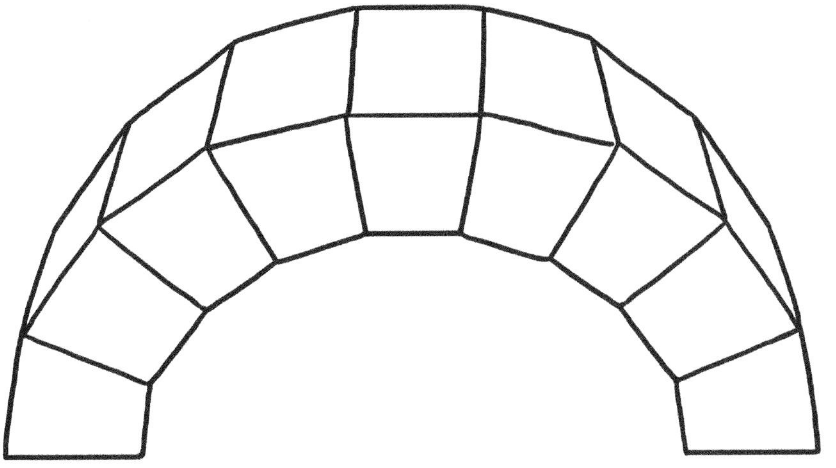

1. **Für diesen Versuch benötigst du besondere Bausteine. Diese Bausteine müssen abgeschrägt sein.
Baue aus den Bausteinen eine Bogenbrücke.**

2. **Teste die Belastbarkeit der Brücke.**

3. **Warum ist eine Bogenbrücke so stabil?**

____

____

____

____

____

____

4. **Ein Bogen hat sehr viel Kraft. Du kannst sogar einen Ziegelstein auf eine Eierschale stellen, ohne dass die Schale kaputtgeht. Erkundige dich nach diesem Versuch im Internet und stelle ihn nach.**

Eine Leonardo-Brücke bauen

Arbeitet in Dreier- oder Vierergruppen.

1. **Knickt dieses Arbeitsblatt an der gestrichelten Linie nach hinten.**
2. **Lest den Text.**

Leonardo da Vinci, ein berühmter Erfinder und Künstler aus Italien, hat für die Soldaten vor über 500 Jahren eine Brücke erfunden. Diese Brücke konnten die Soldaten schnell auf- und wieder abbauen. Das Besondere an dieser Brücke ist, dass sie ganz ohne Schrauben oder anderes auskommt, sie besteht nur aus Holzbrettern. Diese Holzbretter mussten die Soldaten so zusammenstecken, dass sich die Holzbretter gegenseitig stützten. Wenn die Soldaten diese Brücke dann überquerten, wurde sie noch stabiler.

3. **Baut die Leonardo-Brücke. Ihr benötigt dafür mindestens 15 längliche, flache Holzstäbe (z. B. Mundspatel).**
4. **Versucht erst einmal ohne Hilfe, aus den Holzstäben eine Brücke zu bauen, die stabil ist.**
5. **Wenn ihr zu einem Ergebnis gekommen seid, schaut euch die Abbildung an. Falls ihr die Brücke so nachgebaut habt, habt ihr die Aufgabe gemeistert. Falls nicht, schaut euch die Zeichnung genau an und baut die Brücke nach.**

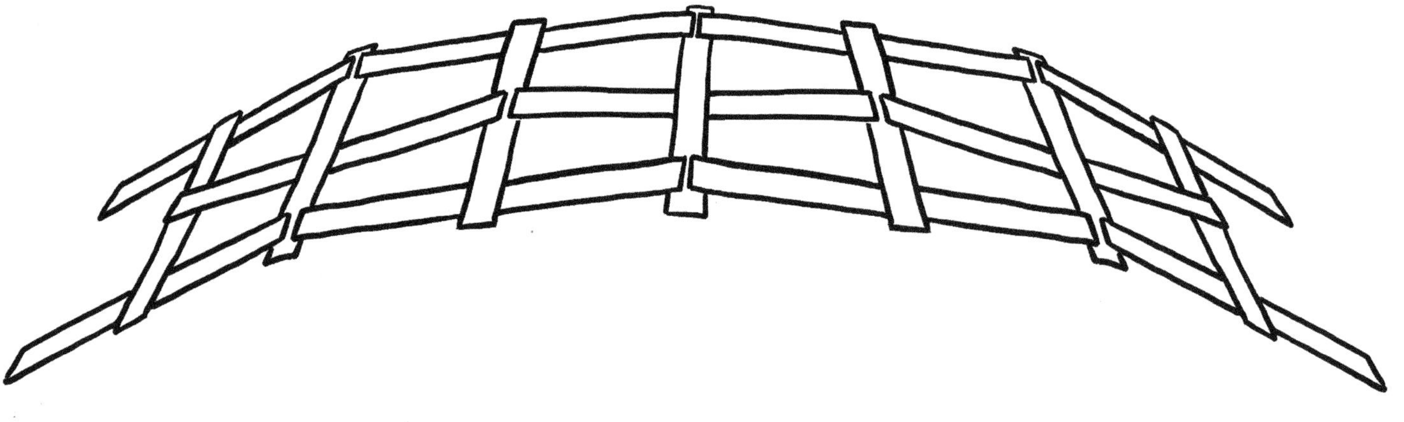

6. **Informiere dich über Leonardo da Vinci im Internet. Gestalte ein Lernplakat und präsentiere die Ergebnisse deiner Klasse.**

Bauwerke-Domino

1. Schneide die Domino-Karten aus und mische sie.

2. Spiele das Domino mit einem Partner.

START	Golden Gate Bridge		Tower Bridge
	Fernsehturm Berlin	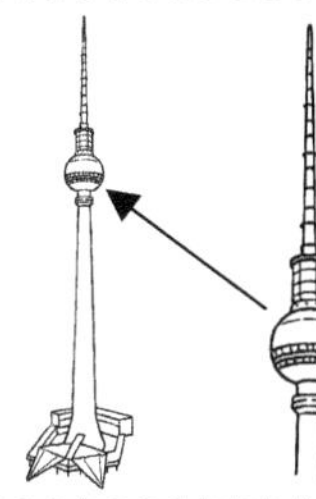	Viadukt von Millau
	Schiefe Turm von Pisa		Chinesische Mauer
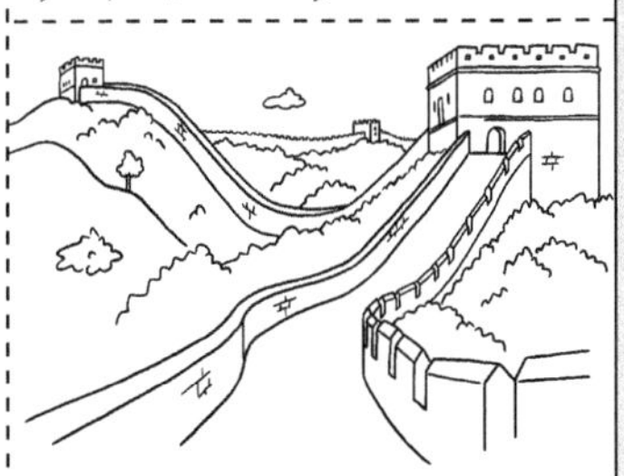	Klagemauer von Jerusalem		Stadtmauer von Dubrovnik
	Eiffelturm		Burj Khalifa
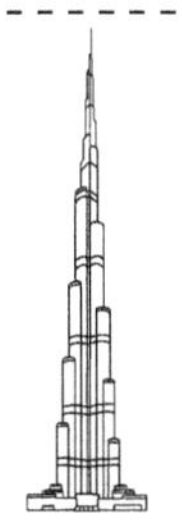	Berliner Mauer		Glenfinnan-Viadukt
	ENDE		

Ein Bauwerke-Elfchen schreiben

1. Schau dir die Bauform und das Beispiel-Elfchen an.

Elfchen sind kleine Gedichte, die nur aus elf Wörtern bestehen.

Bauform des Elfchens:

1. Zeile / ein Wort: eine Farbe oder Eigenschaft, z. B.: **Hoch**
2. Zeile / zwei Wörter: ein Namenwort mit dieser Farbe oder Eigenschaft, z. B.: **Das Bauwerk**
3. Zeile / drei Wörter: mehr über dieses Namenwort, was es tut oder was es ist, z. B.: **Es ist überwältigend**
4. Zeile / vier Wörter: etwas über sich selbst, beginnen mit „Ich“, z. B.: **Ich schaue zum Himmel**
5. Zeile / ein Wort: Abschlusswort, z. B.: **Traumturm**

Hoch
Das Bauwerk
Es ist überwältigend
Ich schaue zum Himmel
Traumturm

2. Schreibe zum Thema „Bauwerke“ ein eigenes Elfchen.

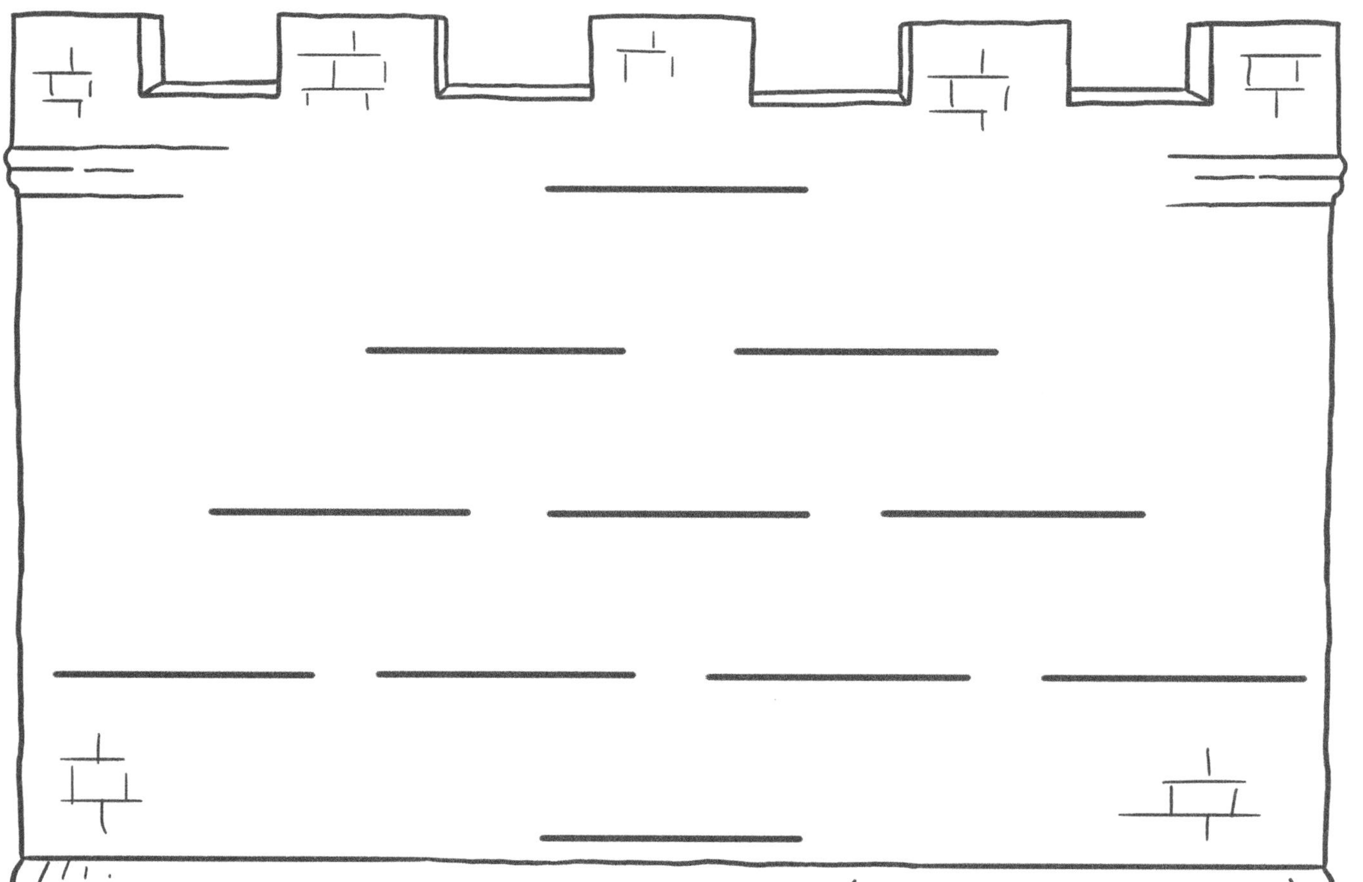

3. Lies dein Elfchen mindestens zwei Kindern vor. Überarbeite es, wenn nötig.

4. Fertige auch ein Elfchen von einem anderen Bauwerk an.

Bauwerke-Rechnereien

1. Über die Golden Gate Bridge fahren täglich etwa 100 000 Autos. Wie viele Autos fahren in einer Woche über die Golden Gate Bridge? Wie viele Autos fahren in einem Monat über die Golden Gate Bridge?

Rechnung 1: ______________________________

Rechnung 2: ______________________________

Antwort: ______________________________

____

2. Beim Bau einer Mauer benötigen die Maurer 128 Steine pro Meter Mauer bei einer Höhe von 2 Metern. Die Mauer soll 5 Meter lang und 4 Meter hoch sein.

Frage: ______________________________

Rechnung: ______________________________

Antwort: ______________________________

3. In einem hohen Turm, der von innen bestiegen werden kann, befindet sich nach 314 Metern Höhe eine Aussichtsplattform. Bis zum Ende des Turms sind es noch 228 Meter.

Frage: ______________________________

Rechnung: ______________________________

Antwort: ______________________________

4. Male die Mauermuster weiter.

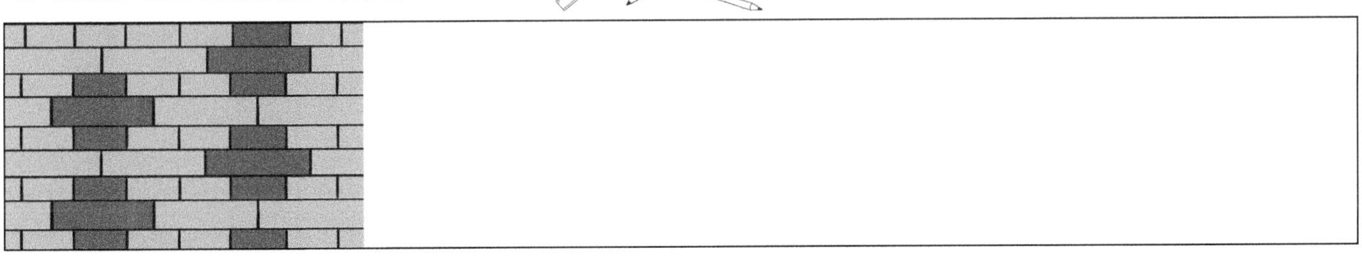

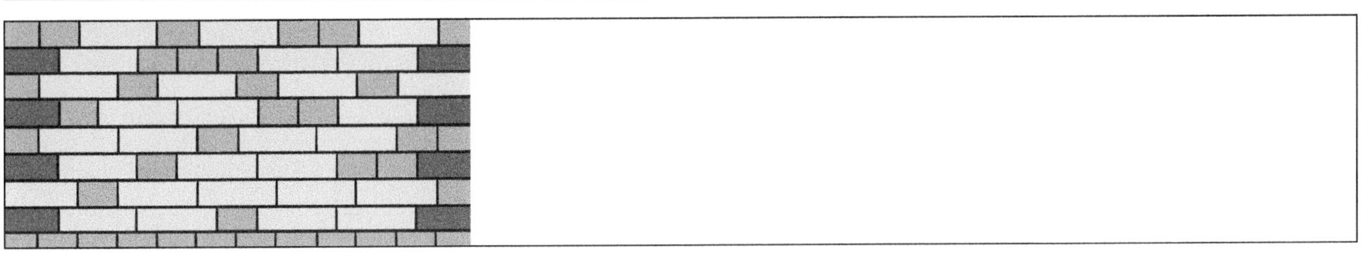

5. Erfinde selbst eine kleine Rechengeschichte.

Bauwerke-Rätsel

1. Lies die Fragen und trage die Antworten in das Rätsel ein.

2. Wenn du alles richtig hast, erhältst du ein Lösungswort.

1. Welches Material wird am häufigsten zum Bau einer Mauer benutzt?
2. Welcher Turm empfängt Fernsehwellen?
3. Womit werden die Steine von Mauern „zusammengeklebt“?
4. Welche berühmte Mauer stand in Berlin?
5. Welches Bauwerk ist das höchste Bauwerk der Welt?
6. Welcher Turm steht meist an der Küste und gibt ein Leuchtsignal ab?
7. In welcher Stadt steht der Eiffelturm?
8. Bei welcher Brückenart kann die Brücke hochgeklappt werden?
9. Welche Brückenart ist eine sehr einfache Brückenart?
10. In welcher Stadt steht die Tower Bridge?

1.					6										
2.				15					3						
3.				12											
4.	1														
5.							2		13						
6.						8									
7.					7										
8.		10			9										
9.				4							11				
10.		5			14										

Lösungswort:

1	2	3	4	5	6	7	8	9	10	11	12	13	14	15

Lernzielkontrolle

Name: ______________________ Datum: ____________

1. **Warum werden Mauern in einem bestimmten Verband gemauert und die Steine nicht einfach übereinandergestapelt?**

2. **Aus welchen Materialien werden Mauern gebaut?**

3. **Welche Funktionen haben Mauern?**

4. **Nenne drei berühmte Mauern.**

5. **Was sind die Merkmale eines Turms?**

6. **Nenne fünf verschiedene Turmarten.**

7. Nenne drei berühmte Türme.

8. Warum werden Türme nach oben hin schmaler?

9. Nenne drei verschiedene Brückenarten.

10. Was macht eine Brücke stabil?

11. Was ist das Besondere an der Leonardo-Brücke?

12. Nenne drei berühmte Brücken.

Fachbegriffe zum Thema „Bauwerke und Konstruktionen“

Äquadukt	Ein Äquadukt ist eine alte Brücke mit Rohrleitungen, die vor allem in der Römerzeit für den Transport von frischem Wasser benutzt wurde.
Balkenbrücke	Die Balkenbrücke ist eine sehr einfache Brückenart. Autobahnbrücken sind meistens Balkenbrücken.
Bauingenieur	Ein Bauingenieur entwirft, plant und konstruiert Bauwerke, wie z. B. Brücken.
Bauwerk	Ein Bauwerk ist eine Konstruktion, die von Menschen errichtet wurde. Dazu zählen Gebäude, wie z. B. Häuser und Türme, aber auch Straßen, Mauern und Brücken.
Beton	Beton ist ein Baustoff. Er ist sehr stabil und wird auch häufig zusammen mit Stahl verbaut.
Bogenbrücke	Eine Bogenbrücke hat meistens unterhalb der Fahrbahn einen Bogen, der die ganze Fahrbahn hält. Der Bogen besteht häufig aus Steinen und viele Brücken haben gleich mehrere Bögen nebeneinander. Manche Bogenbrücken haben oberhalb der Fahrbahn den Bogen. Das Glenfinnan-Viadukt in Schottland ist eine Bogenbrücke.
East Side Gallery	Die East Side Gallery ist das längste, noch erhaltene Stück der Berliner Mauer. Viele Künstler haben sich auf ihr verewigt.
Fachwerkbrücke	Bei der Fachwerkbrücke werden Streben aus Holz oder anderem Material miteinander verbunden.
Fundament	Das Fundament ist der Boden eines Bauwerks. Es sorgt dafür, dass das Bauwerk stabil steht. Ein Fundament besteht meistens aus Platten, Pfählen, Steinen oder Stahlbeton.
Hängebrücke	Hängebrücken werden für das Überqueren von sehr langen Strecken, z. B. tiefen, weiten Tälern, gebaut. Die Golden Gate Bridge in San Francisco ist eine berühmte Hängebrücke.
Klappbrücke	Klappbrücken können hochgeklappt werden. Die Brücken hängen an starken Seilen oder Ketten. Wenn sie z. B. über einen Kanal führen, können sie hochgezogen werden, wenn ein Schiff den Kanal entlangfahren will. Die berühmte Tower Bridge in London ist eine Klapp- und Hängebrücke.
Konstruktion	Eine Konstruktion ist die Zusammenfügung von Bauteilen und Baustoffen zu einem Bauwerk.
Leonardo-Brücke	Leonardo da Vinci erfand vor über 500 Jahren diese Brücke. Sie kann leicht und schnell aufgebaut werden und benötigt keine Schrauben oder Nägel.

Fachbegriffe zum Thema „Bauwerke und Konstruktionen“

Massivbau	Beim Massivbau werden vor allem schwere Steine und Beton als Baustoffe verwendet.
Mauerwerksverband	Ein Mauerwerksverband ist eine bestimmte Technik, um eine zusammenhängende Mauer zu bauen. Es gibt z. B. Läuferverband, Kreuzverband und wilden Verband.
Mauerziegel	Mauerziegel sind aus keramischem Material künstlich hergestellte Steine, die im Bauwesen zum Mauerwerksbau genutzt werden. Sie werden auch Ziegelsteine genannt.
Maurer	Ein Maurer ist ein Handwerker, der Mauern baut.
Mörtel	Mörtel ist ein Klebstoff für Steine, damit diese besser aufeinander halten.
Pylone	Pylonen sind Pfeiler oder Stützen, z. B. im Brückenbau.
Schrägseilbrücke	Eine Schrägseilbrücke hat viele Seile aus Stahl. Diese Seile verlaufen schräg. Das Millau-Viadukt in Frankreich ist eine bekannte Schrägseilbrücke.
Skelettbau	Skelettbau ist eine Konstruktionsweise für Bauwerke. Häufig findet man sie bei Türmen. Das Aussehen ähnelt einem Skelett. Der Eiffelturm in Paris ist ein Beispiel für den Skelettbau.
Stahl	Stahl ist ein Werkstoff, der zum größten Teil aus Eisen besteht. Als Baustoff für Bauwerke ist er wegen seiner Stabilität sehr beliebt. Häufig sind Stahlgerüst und Stahlseile Teil von Baukonstruktionen.
Strebe	Streben sind schräg nach oben verlaufende Stützen, z. B. Balken, Pfosten oder Stangen. Man findet sie z. B. bei Türmen, die in der Skelettbauweise gebaut sind.
UNESCO-Weltkulturerbe	Die UNESCO ist eine Behörde der Vereinten Nationen. Sie fördert Bildung, Wissenschaft und Kultur. Die UNESCO sagt von manchen alten Gebäuden, dass sie sehr besonders sind. Mit diesen Gebäuden soll gut umgegangen werden, damit auch die Menschen in der Zukunft noch etwas davon haben.
Viadukt	Ein Viadukt ist eine über ein Tal oder eine Schlucht führende Brücke. Ihr Tragwerk besteht meistens aus mehreren Bogen.
Widerlager	Widerlager sorgen dafür, dass eine Brücke nicht weggleitet.
Zugbrücke	Die Brücken hängen an starken Seilen oder Ketten und können so hochgezogen werden. Klassische Zugbrücken lassen sich vor allem auf Burgen finden.